BEI GRIN MACHT SICH IHR WISSEN BEZAHLT

- Wir veröffentlichen Ihre Hausarbeit, Bachelor- und Masterarbeit

- Ihr eigenes eBook und Buch - weltweit in allen wichtigen Shops

- Verdienen Sie an jedem Verkauf

Jetzt bei www.GRIN.com hochladen und kostenlos publizieren

Bibliografische Information der Deutschen Nationalbibliothek:

Die Deutsche Bibliothek verzeichnet diese Publikation in der Deutschen National-
bibliografie; detaillierte bibliografische Daten sind im Internet über http://dnb.d-
nb.de/ abrufbar.

Impressum:

Copyright © 2016 GRIN Verlag, Open Publishing GmbH
Druck und Bindung: Books on Demand GmbH, Norderstedt Germany
ISBN: 9783668270381

Dieses Buch bei GRIN:

http://www.grin.com/de/e-book/337700/elliptische-kurven-kryptographie

Tobias Jonas

Aus der Reihe: e-fellows.net stipendiaten-wissen

e-fellows.net (Hrsg.)

Band 2059

Elliptische-Kurven-Kryptographie

GRIN Verlag

Elliptische-Kurven-Kryptographie

Tobias Jonas
Fakultät für Informatik
Seminar theoretische Informatik

SS 2016

Diese Seminararbeit befasst sich mit der Elliptischen Kurven Kryptographie. Die mathematischen Grundlagen werden auf elementarem Niveau erläutert, bevor gängige Verfahren auf elliptischen Kurven beschrieben werden. Zu den abgedeckten Verfahren zählen der Digital Signature Algorithm und der Diffie-Hellman-Schlüsselaustausch auf Elliptischen Kurven.

Inhaltsverzeichnis

Abbildungsverzeichnis

Abkürzungen

ECC   Elliptische Kurven Kryptographie

ECDH   Elliptische Kurven Diffie-Hellman Schlüsselaustausch

ECelG   Elliptische Kurven elGamal Verschlüsselung

ECDSA Digitale Signatur mit elliptischen Kurven

DSA   Digital Signature Algorithm

ECDLP Elliptische Kurven Diskretes Logarithmus Problem

PQC   Post Quantum Cryptography

1 Einleitung

Elliptische Kurven in der Kryptographie sind ein Beispiel für die hohe Nützlichkeit der reinen Mathematik. Elliptische Kurven werden seit langem studiert. Seit 30 Jahren finden die elliptischen Kurven Anwendung in kryptographischen Systemen. Die Verfahren sind so lange sicher, wie diskrete Logarithmen in der Gruppe der Punkte der elliptischen Kurve nicht effizient berechnet werden können. Alle Verfahren, die auf dem diskreten Logarithmus in endlichen Körpern basieren, können auf elliptische Kurven übertragen werden. Dazu zählen unter anderem der Diffie-Hellman-Schlüsselaustausch, der Digital Signature Algorithm oder das Elgamal-Verschlüsselungsverfahren.

Unternehmen wie die NSA entwickeln, standardisieren und nutzen diese Verschlüsselungen für Daten. Die meisten Menschen sind bereits in irgendeiner Form mit dieser Art von Kryptographie in Verbindung gekommen. Allerdings werden es die wenigstens bemerkt haben. Einige weitere bekannte Anwendungsgebiete im Jahr 2016 sind:

- Signatur von Playstation 3 Spielen

- Zugriffsschutz der Chips bei europäischen Reisepässen

- Zugriff auf den Chip des deutschen Personalausweises

- Schlüsselaustausch bei WhatsApp (Curve25519)

Ziel dieser Seminararbeit ist es, die Grundlagen der Ellitptischen Kurven Kryptographie zu erläutern und auf grundlegende mathematische und kryptographische Verfahren einzugehen. Zu Beginn werden die mathematischen Grundlagen für den Leser geschaffen. Mit den erarbeiteten mathematischen Grundlagen lassen sich die kryptographischen Verfahren beschreiben. Elliptische Kurven werden nur auf elementarem Niveau behandelt und es werden nur die benötigten Einzelheiten zum Rechnen auf den Kurven beschrieben. Im Anschluss werden die auf dem diskreten Logarithmus in endlichen Körpern basierenden Verfahren näher für elliptische Kurven erläutert. Am Ende wird die Arbeit mit einem Fazit abgerundet, da es sehr viele verschiedene Meinungen zu diesem Thema gibt.

2 Mathematische Grundlagen

Um die Kryptographie mit Elliptischen Kurven besser verständlich zu machen, werden zuerst die mathematischen Grundlagen erarbeitet. Es wird weitgehend auf Beweise verzichtet und auf weiterführende Literatur verwiesen.

2.1 Modulare Arithmetik

In diesem Abschnitt werden wir uns näher mit dem Rechnen mit Resten, auch modularer Arithmetik gennant, beschäftigen. Wir haben es dabei nur mit ganzen Zahlen ($\mathbb{Z}$) zu tun. Modulare Arithmetik ist für viele Anwendungsbereiche in der Informatik wichtig, besonders im Bereich der Kryptographie. Immer, wenn man es mit einem endlichen auf Zahlen abgebildeten Alphabet zu tun hat, stößt man unumgänglich auf Reste.

Wenn $a \in \mathbb{Z}$ und $m \in \mathbb{N}$, so kann man a in der Form $a = q * m + r$ schreiben, wobei q und r aus $\mathbb{Z}$ eindeutig bestimmt sind durch die Festlegung $0 < r < m$. Diese Zahl r heißt Rest der Division und man verwendet auch die Schreibweise $r = a \bmod m$. Beispiel: 19 mod 5 = 4 »19 modulo 5 ist 4«

Haben zwei ganze Zahlen a und b bei Division durch $m \in \mathbb{N}$ denselben Rest, so sagt man, a und b sind kongruent modulo m. Die Zahl m heißt Modul. Zwei Zahlen a und b sind genau dann kongruent modulo m, wenn sie sich um ein Vielfaches von m unterscheiden. Beispiel: 19 = 24 (mod 5) »19 modulo 5 und 24 modulo 5 haben beide den Rest 4«[Tes08]

2.2 Logikgesetze

Das Kommutativgesetz beim Rechnen besagt nichts anderes, als dass zum Beispiel $2 * 3$ dasselbe ist wie $3 * 2$ oder $2 + 3$ dasselbe ist wie $3 + 2$. [Mei11]

$a + b = b + a$
$a * b = b * a$

Die Assoziativgesetze sagen aus, dass man in einem längeren Ausdruck, der nur eine Verknüpfungsart enthält, keine Klammern setzten muss, weil es auf die Reihenfolge nicht ankommt. $1 * (2 * 3)$ ist dasselbe wie $(1 * 2) * 3$, daher kann man die Klammern hier direkt weglassen und $1 * 2 * 3$ schreiben. Wenn ein Ausdruck sowohl $*$ als auch $+$ enthält, dann müssen Klammern gesetzt werden, um die Reihenfolge der Auswertung klarzustellen. [Mei11]

$a + (b + c) = (a + b) + c$
$(a * b) * c = a * (b * c)$

Die Distributivgesetze sind mathematische Regeln, die angeben, wie sich zwei zweistellige Verknüpfungen bei der Auflösung von Klammern zueinander verhalten. [Mei11]

$$a + (b * c) = (a + b) * (a + c)$$
$$a * (b + c) = (a * b) + (a * c)$$

2.3 Multiplikatives Inverse

Wenn es zu $e \in \mathbb{Z}_m$ eine Zahl $d \in \mathbb{Z}_m$ gibt mit $e * d = 1 \ (mod \ m)$ so nennt man d das multiplikative Inverse zu $e \ mod \ m$. [Tes08]

2.4 Gruppen

Sei G eine Menge mit einer Verknüpfung, die je zwei Elementen $a, b \in G$ ein Element $a \circ b \in G$ zuordnet. $(G; \circ)$ wird eine Gruppe genannt, wenn folgendes gilt:

1. Es gilt $(a \circ b) \circ c = a \circ (b \circ c)$ für alle $a; b; c \in G$ (Assoziativgesetz).

2. Es gibt ein neutrales Element $n \in G$, das $n \circ a = a \circ n = a$ für alle $a \in G$ erfüllt.

3. Zu jedem $a \in G$ gibt es ein inverses Element $i(a) \in G$, das $a \circ i(a) = i(a) \circ a = n$ erfüllt.

Gilt außerdem:

4. $a \circ b = b \circ a$ für alle $a; b \subset C$ (Kommutativgesetz),

so spricht man von einer kommutativen oder abelschen Gruppe. Die Anzahl der Elemente in G wird als Ordnung der Gruppe bezeichnet. Ist die Anzahl endlich, so spricht man von einer endlichen Gruppe, ansonsten von einer unendlichen Gruppe. [Tes08]

Eine Teilmenge H von G heißt Untergruppe von G, falls H eine Gruppe bezüglich der auf H eingeschränkten Gruppenoperation von G ist. Ist G endlich, so ist die Ordnung jeder Untergruppe ein Teiler der Ordnung von G. Die ist der Satz von Lagrange. [Wer02]

2.5 Körper

Ein Körper ist in der Mathematik ein Zahlenbereich, in dem die vier Grundrechenarten $+, -, *, /$ mit Rechenregeln wie dem Kommutativ-, dem Assoziativ- und dem Distributivgesetz durchgeführt werden können.

Ein endlicher Körper mit p^k Elementen wird auch Galois-Körper genannt und symbolisch $GF(p^k)$ geschrieben. Somit gibt es Körper mit $2, 2^2, 2^3, 2^4, 2^5, ..., 3, 3^2, ...5, 5^2, ...$ Elementen.

2.6 Primitive Einheitswurzel

In der Algebra werden Zahlen, deren n-te Potenz die Zahl 1 ergeben, n -te Einheitswurzeln genannt. x ist genau dann eine primitive Einheitswurzel, wenn gilt: [Tes08]

1. $x^1 \neq 1, x^2 \neq 1, x^3 \neq 1, ..., x^n - 1 \neq 1$

2. $x^n = 1$

2.7 Diskretes Logarithmusproblem

In der Gruppen- und Zahlentheorie ist der diskrete Logarithmus das Analogon zum gewöhnlichen Logarithmus aus der Analysis. In diesem Zusammenhang kann diskret wie ganzzahlig verstanden werden.

Sei $(G, +)$ eine additiv geschriebene Gruppe, H eine von einem Element erzeugte Untergruppe von G, d.h. $H = \langle h \rangle$. Für ein beliebiges Element $a \in G$ besteht das diskrete Logarithmus Problem darin, zu entscheiden, ob $a \in H$, und falls ja, ein $m \in \mathbb{Z}$ zu berechnen, sodass $m \cdot h := \underbrace{h + ... + h}_{m \text{ mal}} = a$ ist.

Dieses m wird als $\log_h a$, der Logarithmus von a, bezeichnet.

Wie beim Faktorisieren stellt sich bei der Berechnung von diskreten Logarithmen heraus, dass im Allgemeinen keine effizienten, d.h in Polynomialzeit durchführbaren Algorithmen, bekannt sind. Während für die Faktorisierung einer beliebigen Zahl grundsätzlich subexponentielle Algorithmen zur Verfügung stehen, sind subexponentielle Algorithmen zur Berechnung diskreter Logarithmen nicht bekannt. [Vig]

3 Public Key Verfahren

Viele kryptographische Verfahren basieren auf den bisher beschriebenen mathematischen Grundlagen. Um die Verfahren in der elliptischen Kurven Kryptographie verstehen zu können, müssen noch die zugrundeliegenden Public Key Verfahren beschrieben werden. Man spricht auch von sogenannten asymmetrischen Verfahren. Bei diesen Algorithmen wird der eigentliche Schlüssel eines Benutzers in zwei Teile gespaltet. Aus dem Schlüssel wird ein Schlüsselpaar. Der öffentliche Schlüssel darf oder sollte sogar allgemein bekannt sein, lediglich der geheime Schlüssel ist nur dem rechtmäßigen Besitzer bekannt. [Kri16]

3.1 Diffie-Hellman Schlüsselaustausch

Diffie und Hellman stellten 1976 das nach ihnen benannte Verfahren zur sicheren Schlüsselvereinbarung vor. Das Verfahren lässt die Kommunikationspartner einen gemeinsamen und einen geheimen Sitzungsschlüssel berechnen. Die Kommunikationspartner werden durch das Verfahren nicht authentifiziert. Obwohl das Verfahren private und öffentliche Schlüsselpaare verwendet, ist es nicht zum Ver- und Entschlüsseln von Daten geeignet. Es ist also kein asymmetrisches Kryptosystem. Die Funktionalität des Diffie-Hellman-Verfahrens besteht somit allein darin, einen gemeinsamen Schlüssel dezentral zu vereinbaren. Das Verfahren beruht auf dem diskreten Logarithmusproblem.

Informationen, die allen Kommunikationsteilnehmern bekannt sein müssen und die nicht gegenüber Dritten geheim zu halten sind, bilden die gemeinsame Basis des Verfahrens. Das Verfahren lässt sich wie folgt beschreiben:

1. Es ist eine große Primzahl q zu wählen, die das Galois-Feld $GF(q)$ bestimmt.

2. Es ist eine primitive Einheitswurzel a ($2 \leq a \leq q - 2$) von $GF(q)$ zu bestimmen, so dass jedes Element des Feldes erzeugbar ist.

3. Die Primzahl q und der Wert a sind nun öffentliche Diffie-Hellman Parameter.

4. Jeder Teilnehmer i wählt eine Zufallszahl $1 \leq X_i \leq q - 1$.
   X_i ist der geheime Schlüssel von Teilnehmer i. X_i entspricht dem privaten Schlüssel eines asymmetrischen Kryptosystems.

5. Teilnehmer i berechnet den öffentlichen Schlüssel $Y_i = a^{X_i} \bmod q$. Die öffentlichen Schlüssel werden von den Teilnehmern gespeichert und bei Bedarf an andere Kommunikationspartner übermittelt.

6. Möchte Teilnehmer i mit dem Teilnehmer j kommunizieren, so berechnet jeder der Teilnehmer einen Sitzungsschlüssel $K_{i,j}$ bzw. $K_{j,i}$, wobei durch die Berechnungsvorschrift sichergestellt ist, dass gilt:
$K_{i,j} = K_{j,i} = a^{X_1 X_j} \bmod q$.
Zur Berechnung von $K_{i,j}$ benötigt i den öffentlichen Schlüssel Y_i von j. Damit berechnet er:
$K_{i,j} = Y_j^{X_i} \bmod q$
Der Teilnehmer j berechnet den Schlüssel $K_{j,i}$ analog mit dem öffentlichen Schlüssel Y_i von i:
$K_{j,i} = Y_i^{X_j} \bmod q$

Nach dem sechsten Schritt haben beide Kommunikationspartner unabhängig voneinander einen gemeinsamen, geheimen Schlüssel berechnet, den sie für ihre vertrauliche Kommunikation verwenden können. [Eck13] Abbildung 1 zeigt das beschriebene Verfahren zusammengefasst grafisch aufbereitet.

Abbildung 1: Diffie-Hellman Darstellung

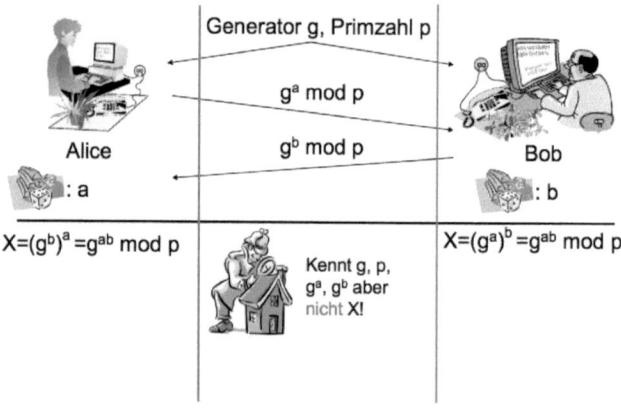

3.2 Digital Signature Algorithm (DSA)

Der Digital Signature Algorithm ist ein Standard der US-Regierung für Digitale Signaturen und basiert auf dem Problem des diskreten Logarithmus. DSA Signaturen sind bei einem Sicherheitsniveau von 1024 Bit lediglich 320 Bit lang. DSA ist somit für ressourcenbeschränkte Anwendungsgebiete, wie beispielsweise Smartcards oder RFID Chips, gut geeignet. Der DSA basiert auf der Nutzung von zwei Gruppen, die auf Primzahlen p und q basieren.

Im Folgenden wird beschrieben, wie die erforderlichen Signier- und Verifikationsschlüssel bei DSA erzeugt und wie diese zur Erstellung und Validierung von digitalen Signaturen eingesetzt werden. Das Verfahren arbeitet hier mit Schlüssellängen zwischen 512 und 1024 Bit.

Schlüsselgenerierung

1. Generiere eine Primzahl p der Länge L Bits, wobei $512 \leq L \leq 1024$ und L ein Vielfaches von 64 ist.

2. Berechne einen Primfaktor q von $p - 1$ mit $2^{159} < q < 2^{160}$, d.h. q ist 160 Bit lang.

3. Bestimme einen Wert g, mit $g = j^{(p-1)/q} \bmod p$, wobei gilt $0 < j < p - 1$ und $j^{(p-1)/q} \bmod p > 1$

4. Wähle einen Wert x, mit $0 < x < q$.
   x ist der geheime Signierschlüssel.

5. Berechne y, mit $y = g^x \bmod p$.
   y ist der zu x gehörende öffentliche Schlüssel, also der Verifikationsschlüssel.

6. Wähle eine sichere Hashfunktion H.

Die Werte p, q und g sind öffentlich bekannt und können von einer Gruppe von Benutzern gemeinsam verwendet werden. Durch die Nutzung von zwei Gruppen, basierend einerseits auf einer großen Primzahl p und andererseits auf einer deutlich kleineren Primzahl q ist es möglich, den hohen Berechnungsaufwand, der für Operationen in der großen Gruppe erforderlich ist, auf wenige Operationen zu reduzieren.

Signatur-Erstellung

Wir nehmen an, dass die Kommunikationspartnerin Alice das Dokument M signieren möchte und x_A ihr privater und y_A ihr öffentlicher Schlüssel ist.

1. Alice generiert eine Zufallszahl $0 < k < q$.
k wird auch als flüchtiger Schlüssel bezeichnet. (ephermal Key)

2. Alice berechnet
$r = (g^k \bmod p) \bmod q$ und
$s = (k^{-1}(H(M) + x_A r)) \bmod q$.
k^{-1} ist das multiplikative Inverse von $k \bmod q$. Die Parameter r und s bilden die Signatur (r, s), die Alice dem Empfänger (Bob) zusendet.

Signatur-Verifikation
Gegeben sei der Klartext M die Signatur (r, s) und der Verifikationsschlüssel y_A von Alice. Bob verifiziert die Signatur (r, s), indem er zunächst deren generelle Gültigkeit überprüft. Falls eine der beiden Bedingungen
$1 \leq r \leq q - 1$ und $1 \leq s \leq q - 1$
verletzt ist, verwirft er die Signatur sofort als ungültig. Anderenfalls führt er folgende Berechnungsschritte durch:

1. Berechne Hilfswert w, mit $w = s^{-1} \bmod q$. $s-1$ ist wiederum das multiplikative Inverse von $s \bmod q$.

2. Berechne Hilfswert u_1, mit $u_1 = (H(\dot{M})w) \bmod q$.

3. Berechne Hilfswert u_2, mit $u_2 = (rw) \bmod q$.

4. Berechne v, mit $v = ((g^{u_1} * y_A^{u_2} \bmod p) \bmod q$. Falls $r = v \bmod q$, dann ist die Signatur verifiziert.

Ein Angreifer, der die Signatur von Alice fälschen möchte, benötigt dazu gemäß des beschriebenen Verfahrens den privaten Schlüssel x_A von Alice. Da ihm aber nur y_A, p, q und g bekannt sind, muss er x_A berechnen, also $x_A = log_g y_A \bmod p$. Das heißt, er muss den diskreten Logarithmus von y_A zur Basis g berechnen. Dies bedeutet einen Aufwand, der beim heutigen Stand der Technik nicht effizient zu leisten ist. Abbildung 2 verdeutlicht den Prozess des Signierens und der Verifikation. [Hüt15]

3.3 elGamal Verschlüsselung

Das elGamal-Verschlüsselungsverfahren ist ein im Jahr 1985 vom Kryptologen Taher Elgamal entwickeltes Public-Key-Verschlüsselungsverfahren, das auf der Idee des Diffie-Hellman-Schlüsselaustauschs aufbaut. Die Unterschiede sind nur marginal und werden in dieser Arbeit nicht weiter ausgeführt. Dieses Verfahren findet man ebenso wie die anderen vorgestellten Verfahren häufig bei elliptischen Kurven wieder.[Lan16]

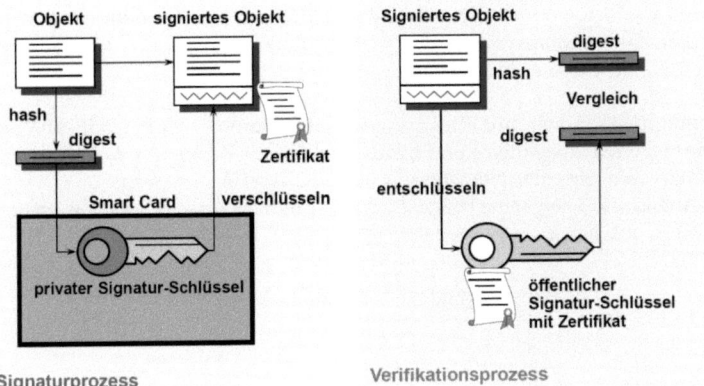

Abbildung 2: Signatur- und Verifikationsprozess

4 Elliptische Kurven

Ziel dieses Abschnitts ist es, elliptische Kurven zu definieren und die gegebene Gruppenstruktur zu untersuchen. Elliptische Kurven sind spezielle projektive Kurven, auf denen man ein Gruppengesetz definieren kann. Die elliptischen Kurven werden sowohl geometrisch als auch algebraisch betrachtet. Es werden auch die Vorteile von Kryptosysteme auf elliptischen Kurven im Gegensatz zu normalen Zahlen erläutert. Auf eine genaue Beweisführung wird auch in diesem Kapitel verzichtet. Ausführliche Beweise finden sich in der angegebenen Literatur und sind für das Verständnis, der im folgenden Kapitel vorgestellten Verfahren, nicht nötig.

4.1 Definition

Eine Elliptische Kurve ist wie folgt definiert: [Wer02]

Eine elliptische Kurve ist eine nicht-singuläre projektive ebene Kurve $C_g(F)$, wobei g ein homogenes Polynom vom Grad drei der folgenden Gestalt ist:

$$g(X, Y, Z) = Y^2 Z + a_1 XYZ + a_3 YZ^2 - X^3 - a_2 X^2 Z - a_4 XZ^2 - a_6 Z^3$$
mit $a_1, a_2, a_3, a_4, a_6 \in F$

Eine elliptische Kurve ist also durch ein homogenes Polynom vom Grad drei gegeben, in dem nur bestimmte Summanden auftreten können. Außerdem muss $C_g(F)$ nicht-singulär sein. Elliptische Kurven über dem Körper der reellen Zahlen können als die Menge aller affinen Punkte $(x,y) \in \mathbb{R}^2$ angesehen werden, die die Gleichung

$y^2 = x^3 + ax + b$

erfüllen, zusammen mit einem sogenannten Punkt O im Unendlichen (∞). Die reellen Koeffizienten a und b müssen dabei die Bedingung $4a^3 + 27b^2 \neq 0$ erfüllen, um Singularitäten auszuschließen. [Are15]

Abbildung 3 zeigt eine beispielhafte elliptische Kurve mit den Parametern $a = -5$ und $b = 4$

Abbildung 3: Elliptische Kurve

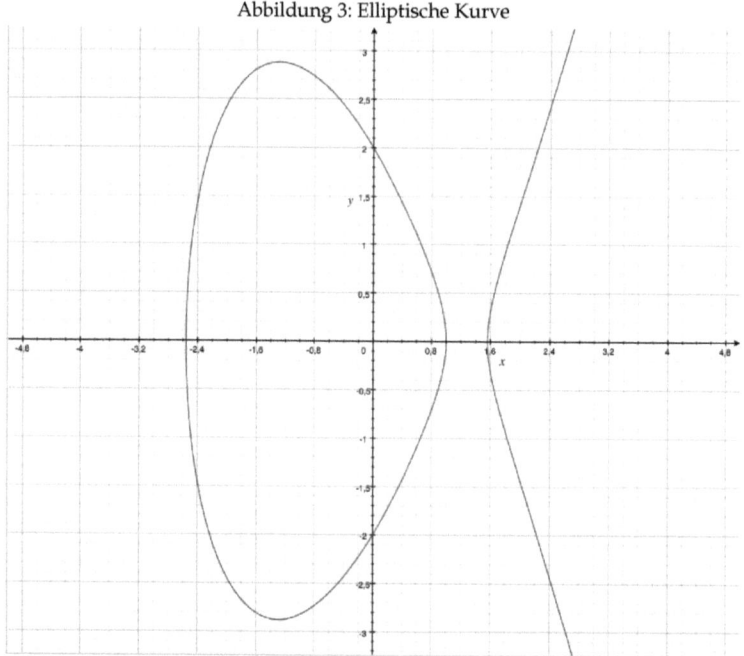

4.2 Geometrische Betrachtung

Abbildung 4: Punktaddition auf elliptischer Kurve

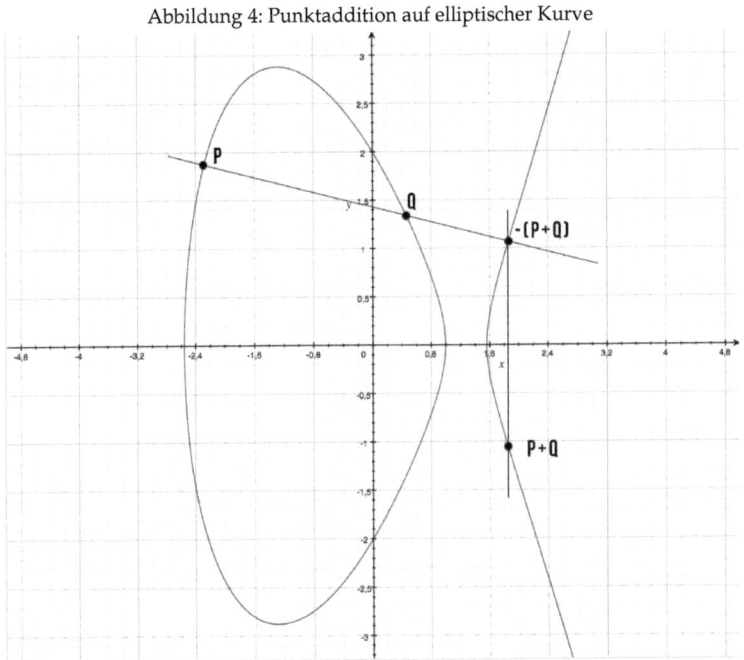

    Aus den Logikgesetzen der Grundlagen ergibt sich die Möglichkeit auf el liptischen Kurven geometrisch und allgebraisch zu rechnen. Bei der Punktaddition auf elliptischen Kurven gilt die Kommutativität und die Assoziativität.

    Abbildung 4 zeigt eine beispielhafte Punktaddition der Punkte P und Q auf einer elliptischen Kurve. Grafisch wird für die Addition zweier Punkte auf einer elliptischen Kurve eine Gerade durch die beiden Punkte P und Q gelegt. Diese Gerade bezeichnet man in der Mathematik als Sekante. Sie schneidet die elliptische Kurve in jedem Fall in drei Punkten. Dies sind die Punkte P, Q und $-(P + Q)$. Spiegelt man den erhaltenen dritten Punkt an der X-Achse erhält man den gesuchten Punkt $P + Q$. Einen Sonderfall stellen die vertikalen Geraden dar. Dies ist der Fall, wenn P und Q auf der X-Achse gespiegelt zueinander sind. In diesem Fall schneidet die Gerade die Kurve nur zweimal real und in einem unendlich entfernten Punkt ∞. Man nennt diesen Punkt in dieser Gruppe das neutrale Element. Spiegelt man das neutrale Element, erhält man wieder den unendlich weit entfernten Punkt ∞.

Bei der Punkt Verdopplung wird an den Punkt eine Tangente anstatt einer Sekante angelegt. Diese Tangente schneidet die elliptische Kurve wieder wie bei der Punktaddition. Der Schnittpunkt muss ebenfalls gespiegelt werden. Abbildung 5 zeigt eine Punktverdopplung von P zu $2P$ mit einer Tangente.

Abbildung 5: Punktverdopplung auf elliptischer Kurve

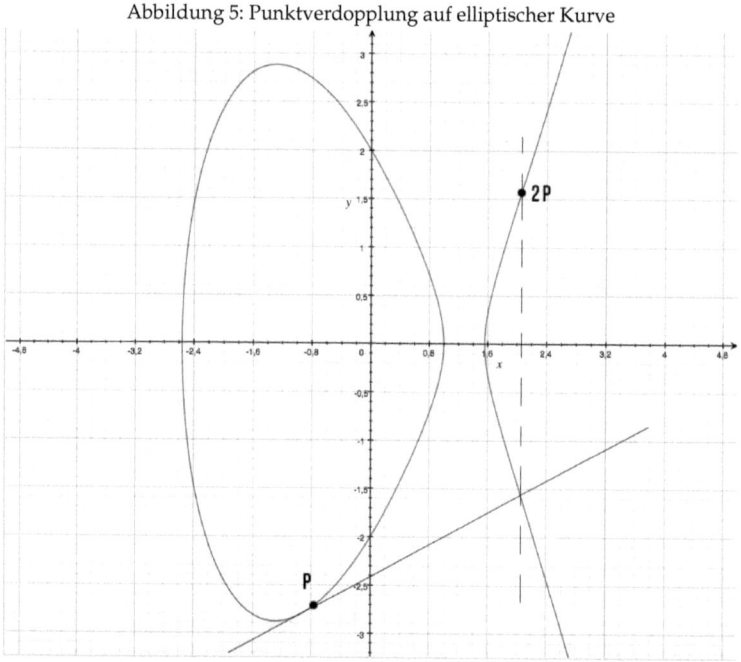

Aus der Punktverdopplung lässt sich die Punktmultiplikation ableiten. Wenn man das vorherige Beispiel betrachtet, könnte man es wie folgt weiterführen: $5 * P = (P + 4 * P) = (P + 2 * (2 * P)) = P + P + P + P + P$. Es gilt auch das Distributivgesetz: $5 * (P + Q) = 5 * P + 5 * Q$. Es ergeben sich dadurch die gleichen Regeln zum Rechnen mit Punkten, wie sie mit Zahlen bekannt sind.

Abbildung 6 führt einen weiteren Punkt R ein. Mit den bis dato definierten Regeln lässt sich nun sehr einfach in dem Bild die Assoziativität zeigen. Egal ob man den roten oder grünen Linien folgt, erhält man am Ende den gleichen Punkt. In der Abbildung stellt die grüne Linie die Gleichung $(P + R) + Q$ und die rote Linie die Gleichung $(P + Q) + R$ dar. [Gre05]

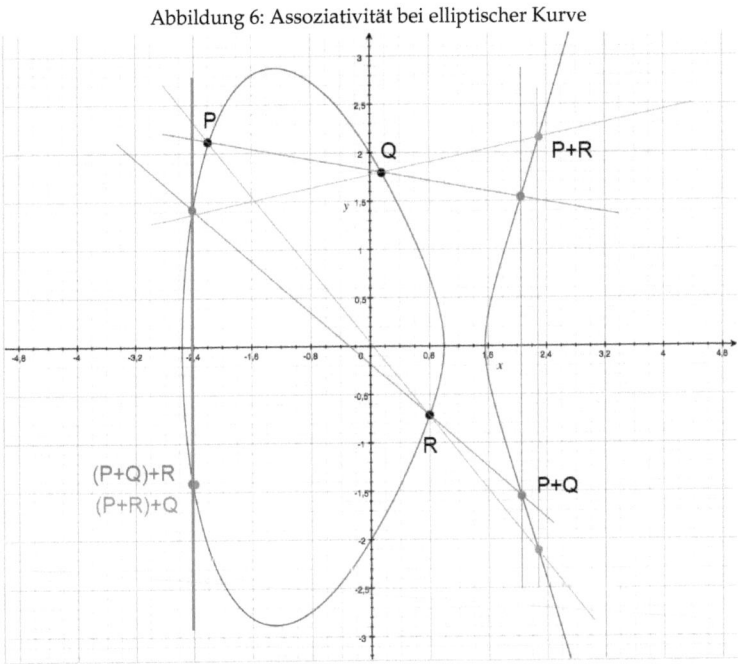

Abbildung 6: Assoziativität bei elliptischer Kurve

4.3 Algebraische Betrachtung

Da man die Berechnungen meist am PC durchführen möchte, nützen die geometrischen Betrachtungen nichts. Es werden Formeln benötigt, die man anschließend auch in einem PC kodieren kann. Wie in der Definition bereits gesehen, haben die Kurven die Gleichung $y^2 = x^3 + ax + b$. Diese Form nennt man in der Algebra Weierstraß Form. Die weiteren Formeln zur Berechnung

der Punkte lassen sich aus der Geometrie entwickeln und sehen wie folgt aus.
Die Punkte P und Q aus dem Beispiel heißen nun $\vec{P}_1$ und $\vec{P}_2$.

$$\vec{P}_1 = \begin{pmatrix} x_1 \\ y_1 \end{pmatrix} \qquad \vec{P}_2 = \begin{pmatrix} x_2 \\ y_2 \end{pmatrix} \qquad \vec{P}_1 + \vec{P}_2 = \vec{P}_3$$

Die Koordination für $\vec{P}_3$ ergeben sich aus den Formeln:

$$x_3 = s^2 - x_1 - x_2 \qquad y_3 = s(x_1 - x_3) - y_1$$

Die bisher unbekannte Variable s hat folgende Gleichung

$$s = \frac{y_2 - y_1}{x_2 - x_1} \text{ für } \vec{P}_1 \neq \vec{P}_2 \qquad s = \frac{3 * x_1^2 + a}{2 * y_1} \text{ für } \vec{P}_1 = \vec{P}_2$$

Die Variable a kann aus der Weierstraß Form der elliptischen Kurve abgelesen
werden. Man benötigt eine andere Form für s bei der Punktverdopplung, da $\frac{0}{0}$
nicht definiert ist. Die Rechenzeit für die Addition skaliert quadratisch mit der
Stellenzahl und für die Multiplikation mit der dritten Potenz. Das ist größer
als beim Rechnen mit normalen Zahlen.

4.4 Unterschiede zur Algebra mit Zahlen

Die Algebra auf elliptischen Kurven hat Eigenschaften, die für Kryptographie
benötigt werden. Sie hat aber einige Eigenschaften nicht, die bei der her-
kömmlichen Algebra auf Zahlensystemen Angriffen erleichtern können. Viele
Kryptographieverfahren beruhen auf der Schwierigkeit, den Logarithmus zu
berechnen. Normale Zahlen kann man leicht nach der Größe sortieren. Bei
Potenzierung der gleichen Basis bleibt die Reihenfolge gleich. Abbildung 7
verdeutlicht das Problem der Reihenfolge beim Potenzieren. Man kann an-
hand der Reihenfolge der Zahlen leicht durch Raten das Ergebnis bestimmen.
Der Logarithmus ist somit leicht zu bestimmen.

Abbildung 7: Reihenfolge beim Potenzieren

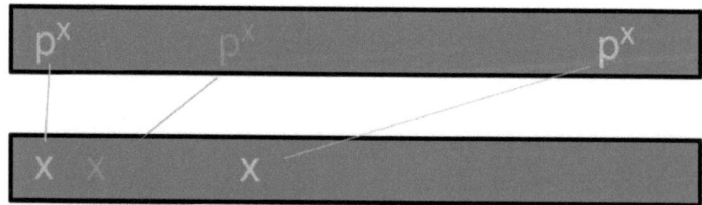

Eine Verbesserung bei normalen Zahlen ist die in den Grundlagen erläuterte
modulare Arithmetik. Hier entsteht nun das diskrete Logarithmusproblem,

denn die Reihenfolge ist nicht mehr gegeben. Abbildung 8 zeigt, dass die Positionen nicht mehr sortiert sind. Allerdings gibt es ein Startproblem, wenn das Modul bei kleinen Zahlen x noch nicht überschritten worden ist. Die Sortierbarkeit bleibt dann erhalten. Da in der Kryptographie meist sehr große Module mit mehreren tausend Bits verwendet werden, kann durch generische Verfahren intelligent geraten werden. Dies kann das Verschlüsselungsverfahren unter Umständen brechen.

Abbildung 8: Reihenfolge beim Potenzieren bei modularer Arithmetik

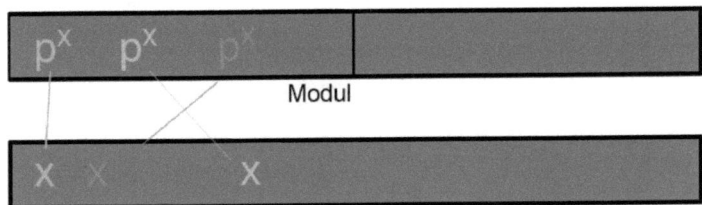

An dieser Stelle zeigt sich der Vorteil von elliptischen Kurven. Selbst bei kleinen Zahlen ist keine Reihenfolge erkennbar. Auch wenn kein Modul verwendet wird gibt es keine offensichtliche Reihenfolge. Bei modularer Rechnung bilden die Punkte einer elliptischen Kurve eine gestreute statistische Verteilung. Eine Rest-Sortierbarkeit nach der Punktmultiplikation gibt es nicht. Dies ist mitunter ein Grund für die kürzeren Schlüsseln bei Kryptosystemen auf elliptischen Kurven. Ein weiterer Punkt für elliptische Kurven ist, dass Angriffe auf Untergruppen der Kurve ausgeschlossen werden können. Diese vertiefenden mathematischen Themen sind nicht Gegenstand dieser Seminararbeit. [Wer02]

5 Elliptische Kurven Kryptographie (ECC)

Im vergangenen Kapitel wurden die Grundlagen der elliptischen Kurven in der Mathematik erläutert. In diesem Kapitel werden drei kryptographische Verfahren auf Basis von elliptischen Kurven vorgestellt. Die vorgestellten Verfahren werden auch in der Kryptographie mit Zahlen verwendet. Die elliptischen Kurven wurden bisher im Zahlenraum der reellen Zahlen betrachtet. Diese eignen sich gut für die anschauliche Erklärung der Rechenoperationen. Für die Kryptographie sind diese jedoch ungeeignet, da reelle Zahlen in Rechensystemen nicht ohne Rundungsfehler verwendet werden können. Elliptische Kurven über Galois Felder bestehen aus einer endlichen Anzahl von Punkten. Das hat den Nachteil, dass diese Punkte nicht mehr als Funktion gezeichnet werden können. Somit kann das grafischen Rechenverfahren der elliptischen Kurven hier nicht angewendet werden. Dies gilt allerdings nicht für die algebraischen Verfahren. Sie können mit kleinen Veränderungen auch hier verwendet werden. Abbildung 9 zeigt eine beispielhafte elliptische Kurve auf einem Galloisfeld als projektive Standarddarstellung. [Her10]

Um ECC nutzen zu können muss es immer Domain Parameter geben. Diese definieren das Schema der elliptische Kurve. Es werden 6 Parameter (p, a, b, G, n, h) für das Verfahren benötigt. Die Parameter enthalten folgende Informationen und sind folglich ein Sechstupel.

- p: Feldgröße (modulo p)

- a, b Kurven Parameter für die Weierstraß Form

- G Generatorpunkt

- n ord(G) - Ordnung n der Untergruppe von G - muss eine Primzahl sein

- h cofactor - Der Cofactor h der Untergruppe von G

Für die Rechenoperationen auf den Galloisfeldern der elliptischen Kurve existieren in diesen Körpern effiziente Algorithmen zur Berechnung der Potenzfunktion, für die Berechnung des Logarithmus dagegen nicht. Man spricht hier vom Elliptische Kurven Diskretes Logarithmus Problem (ECDLP). Für die Feststellung, ob eine gegebene elliptische Kurve für den Einsatz in einem Kryptosystem geeignet ist, gibt es Kriterien. Das Wichtigste dabei ist die Anzahl der Punkte auf der Kurve. Die Anzahl muss hinreichend groß gewählt werden und sollte eine Primzahl oder einen entsprechend großen Primteiler enthalten. Wir befinden uns in Bereichen von 2^{160} und mehr. Daneben existieren weitere Eigenschaften, welche gewährleisten, dass das aufbauende Kryptosystem die gewünschte Sicherheit bietet. Diese sind in Standards (wie z.B. ANSI X9.62, ISO 14888-3 oder IEEE P1363) festgeschrieben.

Nachfolgend schauen wir uns die pedanten Verfahren zu Kapitel 3 an und verfeinern diese.

Abbildung 9: Elliptische Kurve in einem Galois Feld

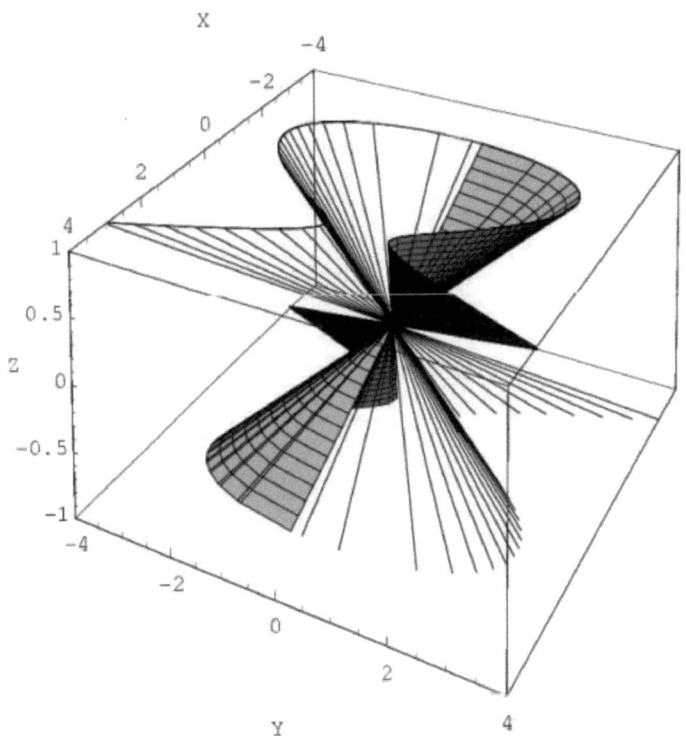

5.1 Elliptische Kurven Diffie-Hellman Schlüsselaustausch (ECDH)

Der Elliptische Kurven Diffie-Hellman Schlüsselaustausch (ECDH) setzt auf dem Verschlüsselungsalgorithmus des Diffie-Hellman-Verfahrens auf, das auf der Potenzierung der zu verschlüsselnden Daten mit großen Exponenten basiert. Das Verfahren bietet auch bei relativ kurzen Schlüsseln, im Gegensatz zu Diffie-Hellman-Schlüsseln, hohe Sicherheit. [Dat15] Das elliptische Verfahren aus Kapitel 3.1 lässt sich wie folgt beschreiben. [Cor15]

1. Teilnehmer X_i und Y_i generieren ihre eigenen privaten und öffentlichen Schlüssel. Für Teilnehmer X_i haben wir den privaten Schlüssel d_x und den öffentlichen Schlüssel $H_x = d_A G$ generiert. Für Teilnehmer Y_i haben wir den privaten Schlüssel d_y und den öffentlichen Schlüssel $H_y = d_Y G$ generiert. Beide Teilnehmer nutzen die gleichen Kurvenparameter, wie am Anfang des Kapitels angegeben.

2. Teilnehmer X_i und Y_i tauschen ihre öffentlichen Schlüssel H_x und H_y über einen unsicheren Kanal aus. Auch wenn diese Schlüssel abgefangen werden, ist es nicht möglich die privaten Schlüssel zu finden ohne das diskrete Logarithmusproblem zu lösen.

3. Teilnehmer X_i rechnet $K_{x,y} = d_X H_Y$ und Teilnehmer Y_i rechnet $K_{x,y} = d_Y H_X$. Somit entsteht, wie auch in Kapitel 3.1 das geteilte Geheimnis $K_{x,y}$

Abbildung 10 zeigt das Verfahren nochmals grafisch. Vergleicht man es mit der Abbildung 1 sieht man, dass sich lediglich die Rechenoperationen unterscheiden.

5.2 Digitale Signatur mit elliptischen Kurven (ECDSA)

Unsere Annahmen sind die selben wie in Kapitel 3.2. Alice und Bob nutzen auch bei ECDSA die gleichen Kurvenparameter, wie wir es schon bei ECDH gesehen haben. Alice hat den privaten Schlüssel d_A und den öffentlichen Schlüssel H_A generiert. ECDSA arbeitet nicht mit der Nachricht selbst, sondern mit dem Hash einer Nachricht. Die Wahl des Hashverfahrens bleibt einem selbst überlassen. Man sollte darauf achten, dass das Hashverfahren noch als sicher eingestuft ist. Der Hash sollte auf die Bit-Länge der Signatur gekürzt werden. Dies entspricht unserem Parameter n. Der gekürzte Hash wird als z bezeichnet und ist eine Ganzzahl.

Der Algorithmus, der von Alice für das Signieren durchgeführt wird, sieht wie folgt aus.

Signatur-Erstellung

1. Generiere eine Zufallszahl k innerhalb von $1, ..., n - 1$

Abbildung 10: Elliptische Kurven Diffie-Hellman Schlüsselaustausch (ECDH) Darstellung

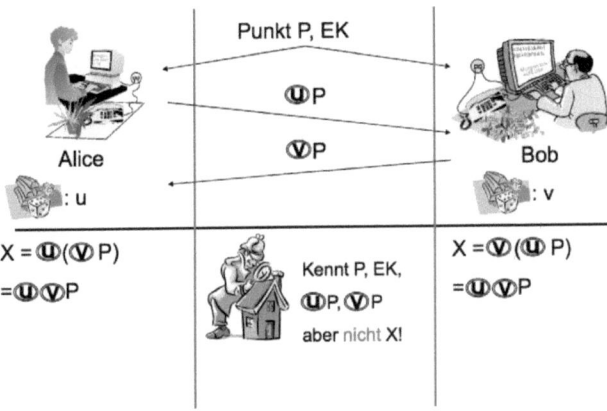

2. Berechne den Punkt $P = kG$

3. Berechne die Zahl $r = x_p \bmod n$
   x_p ist unsere X Koordinate des Punktes P

4. Wenn $r = 0$ sein sollte, muss eine andere Zahl k gewählt werden und das Verfahren neu gestartet werden.

5. Falls $r \neq 0$ berechne $s = k^{-1}(z + rd_A) \bmod n$ - d_A entspricht dem privaten Schlüssel von Alice und k^{-1} ist das multiplikative Inverse von $k \bmod n$

6. Wenn $s = 0$ sein sollte, muss eine andere Zahl k gewählt werden und das Verfahren neu gestartet werden.

Das Tupel (r, s) stellt nun die Signatur dar. Um die Signatur verifizieren zu können, wird der öffentliche Schlüssel von Alice H_A, der abgeschnittene Hash und das Tupel (r, s) benötigt.

Signatur-Verifikation

1. Berechne die Zahl $u_1 = s^{-1}z \bmod n$

2. Berechne die Zahl $u_2 = s^{-1}r \bmod n$

3. Berechne den Punkt $P = u_1G + u_2H_A$

Die Signatur ist gültig wenn $r = x_p \bmod n$ x_p ist die X Koordinate des Punktes P.
Das gesamte Verfahren wird in Abbildung 11 von der Signatur bis zum Verifizieren vereinfacht dargestellt. [Cor15]

Abbildung 11: Digitale Signatur mit elliptischen Kurven (ECDSA) Darstellung

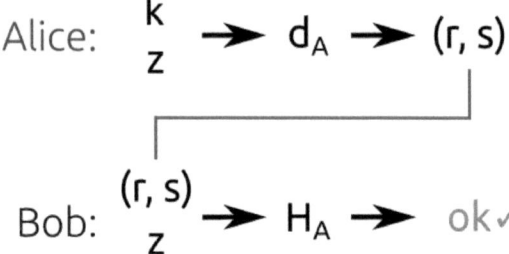

6 Fazit

Algorithmen auf Basis elliptischer Kurven sind inzwischen etabliert. In allen Standardisierungsbemühungen der letzten Jahre, die sich mit Public Key Verfahren beschäftigen, bilden sie einen wesentlichen Bestandteil. Es ist für einen alternativen Ansatz allerdings nicht einfach, weite Verbreitung zu finden solange ein einzelner Algorithmus die Szene beherrscht. Die Vorteile sprechen in diesem Falle aber für sich. Notwendige Anpassungen der Schlüssellängen werden dabei ihre Wirkung zeigen. Nicht ohne Grund sind die Verfahren bekanntermaßen die vom Bundesamt für Sicherheit in der Informationstechnik bevorzugte Public Key Algorithmen. [Her10] Im Vergleich zum diskreten Logarithmusproblem bei der ganzzahligen Faktorisierung ist die Lösung des diskreten Logarithmusproblems bei elliptischen Kurven schwerer zu berechnen. Somit sind für die Verschlüsselung mittels elliptischer Kurven kürzere Schlüssel notwendig, als für eine vergleichbare Verschlüsslung durch den

Abbildung 12: RSA vs ECC

Sicherheit:	gering	mittel	hoch	sehr hoch
RSA:	512	1024	3072	15360
ECC:	112	161	256	512

RSA Algorithmus. In Abbildung 12 werden die Schlüssellängen von RSA und ECC verglichen und ein Sicherheitsniveau angegeben.

Abschließend sei zu sagen, dass es auch für das diskrete Logarithmusproblem bei elliptischen Kurven effiziente Algorithmen für Quantencomputer gibt. Somit sind auch Verschlüsselungsverfahren auf elliptischen Kurven bei Verfügbarkeit von Quantencomputern unbrauchbar. Eines der aktuell wichtigsten Forschungsgebiete in der IT-Sicherheit ist die Post Quantum Cryptography (PQC).

Literatur

[Are15] T. Arens. *Mathematik*. Springer Spektrum, 2015.

[Cor15] A. Corbellini. Ellitpic Curve Cryptography: ECDH and ECDSA. *corbellini*, 2015.

[Dat15] E. Datacard. ZERO TO ECDH IN 30 MINUTES, 2015.

[Eck13] C. Eckert. *IT-Sicherheit: Konzepte - Verfahren - Protokolle*, Bd. 8. Oldenbourg Verlag München, 2013.

[Gre05] I. Grebe. Elliptische Kurven in der Kryptographie, 2005.

[Her10] M. Hermann und D. Lazich. Kryptographie mit elliptischen Kurven, 2010.

[Hüt15] R. Hüttl. Digitale Signaturen und PKI. Skript ITS SS2015, 03 2015.

[Kri16] U. Krieger. Elliptische Kurven – Basis für ein alternatives Public Key Kryptosystem, 2016.

[Lan16] H. W. Lang. ElGamal-Verschlüsselung, 2016.

[Mei11] C. Meinel und M. Mundhenk. *Mathematische Grundlagen der Informatik*, Bd. 5. Vieweg + Teubner, 2011.

[Tes08] G. Teschl und S. Teschl. *Mathematik für Informatiker Diskrete Mathematik und Lineare Algebra*, Bd. 4. Springer, 2008.

[Vig] S. Vigerske. http://bit.ly/1sjCYGD.

[Wer02] D. A. Werner. *Elliptische Kurven in der Kryptographie*. Springer, 2002.